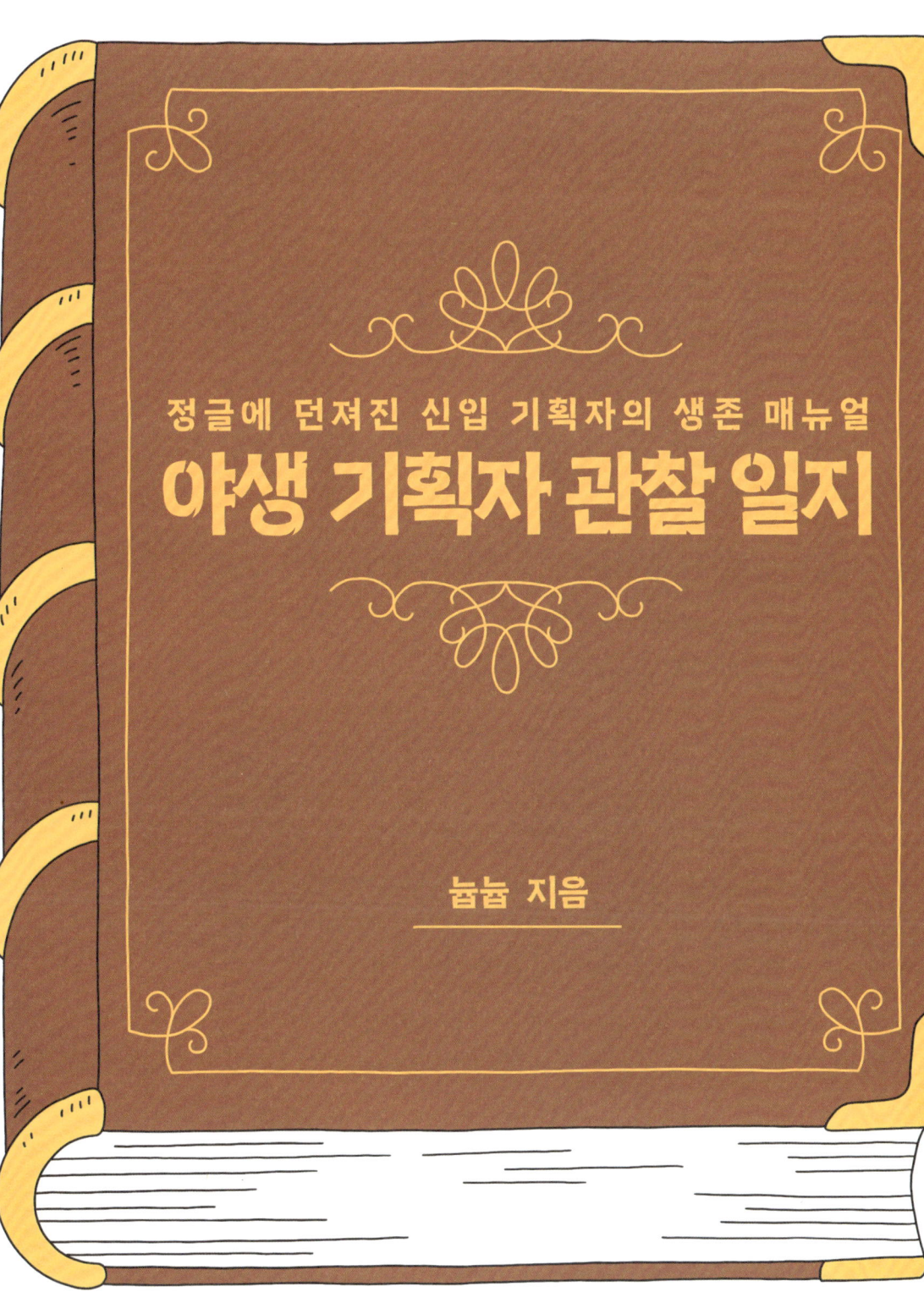

정글에 던져진 신입 기획자의 생존 매뉴얼
늅늅의 야생 기획자 관찰 일지
The Rookie Planner's Survival Guide

초판 1쇄 발행 · 2025년 10월 20일

지은이 · 늅늅(이예선)
발행인 · 이종원
발행처 · (주)도서출판 길벗
출판사 등록일 · 1990년 12월 24일
주소 · 서울시 마포구 월드컵로 10길 56(서교동)
대표전화 · 02)332-0931 | **팩스** · 02)323-3895
홈페이지 · www.gilbut.co.kr | **이메일** · gilbut@gilbut.co.kr

기획 및 책임 편집 · 최근혜(kookoo1223@gilbut.co.kr)
표지 디자인 · 이예선 | **제작** · 이준호, 손일순, 이진혁 | **영업마케팅** · 전선하, 박민영, 서현정
유통혁신 · 한준희 | **영업관리** · 김명자 | **독자지원** · 윤정아

전산편집 · 이도경 | **교정교열** · 박은희 | **CTP 출력 및 인쇄** · 대원문화사 | **제본** · 신정문화사

- 잘못된 책은 구입한 서점에서 바꿔 드립니다.
- 이 책은 저작권법에 따라 보호받는 저작물이므로 무단전재와 무단복제를 금합니다.
  이 책의 전부 또는 일부를 이용하려면 반드시 사전에 저작권자와 (주)도서출판 길벗의 서면 동의를 받아야 합니다.
- 인공지능(AI) 기술 또는 시스템을 훈련하기 위해 이 책의 전체 내용은 물론 일부 문장도 사용하는 것을 금지합니다.

ⓒ 이예선, 2025

ISBN 979-11-407-1605-0 (03190)
(길벗 도서번호 007215)

정가 19,800원

독자의 1초까지 아껴주는 정성 길벗출판사
(주)도서출판 길벗 | IT교육서, IT단행본, 경제경영서, 어학&실용서, 인문교양서, 자녀교육서 ▶ www.gilbut.co.kr
길벗스쿨 | 국어학습, 수학학습, 어린이교양, 주니어 어학학습, 학습단행본 ▶ www.gilbutschool.co.kr

인스타그램 ▶ gilbut.it | **페이스북** ▶ gilbutzigy | **네이버 블로그** ▶ blog.naver.com/gilbutzigy

THE INTRO > 　　　　　　　　　　　　　　　　003

CHAPTER 1

산과 정글로
복잡한 문제 속 숨은 힌트를 찾아서

EPISODE 1 > 꼼꼼한 기획자는 집요한 탐정처럼　　016
EPISODE 2 > 머릿속의 폭풍, 브레인스토밍　　　　028
EPISODE 3 > 시작이 막막하면 이것부터 해보세요　038
EPISODE 4 > 혹시 건강하게 몰입하고 계신가요?　　046
EPISODE 5 > 수수께끼 같은 피드백을 뚫어라!　　　056

CHAPTER 2

사막으로
메마른 머릿속 아이디어를 찾아서

EPISODE 6 > 새로운 것들은 전부 사라졌을까?　　　**068**
EPISODE 7 > 정말 아무 것도 떠오르지 않는다면　　　**080**
EPISODE 8 > 나라면 어떻게 했을까?　　　**090**
EPISODE 9 > 그래도 모르겠으면 전부 쏟아버리기　　　**100**

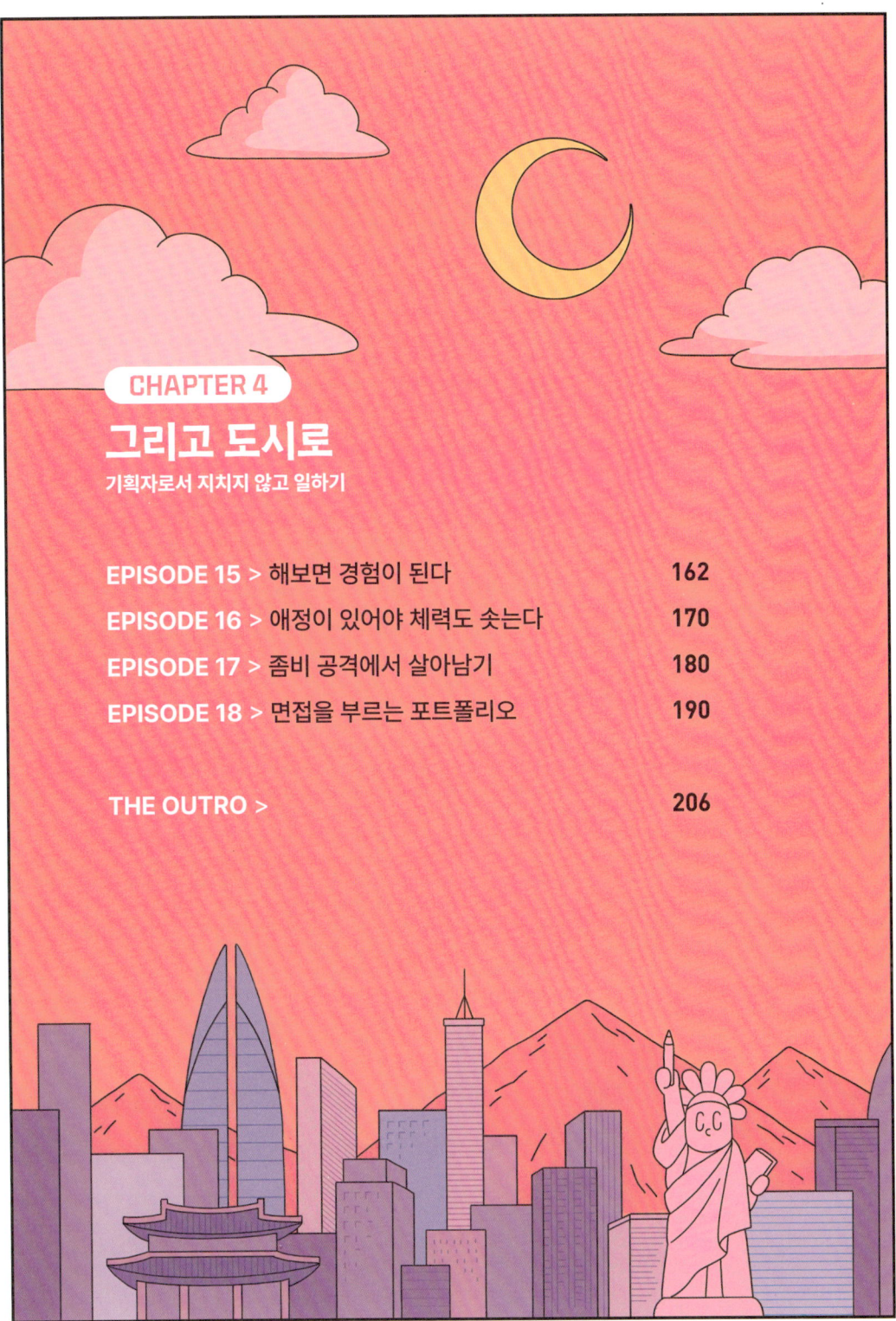

CHAPTER 4

그리고 도시로
기획자로서 지치지 않고 일하기

EPISODE 15 > 해보면 경험이 된다		**162**
EPISODE 16 > 애정이 있어야 체력도 솟는다		**170**
EPISODE 17 > 좀비 공격에서 살아남기		**180**
EPISODE 18 > 면접을 부르는 포트폴리오		**190**
THE OUTRO >		**206**

EPISODE 1.
꼼꼼한 기획자는 집요한 탐정처럼

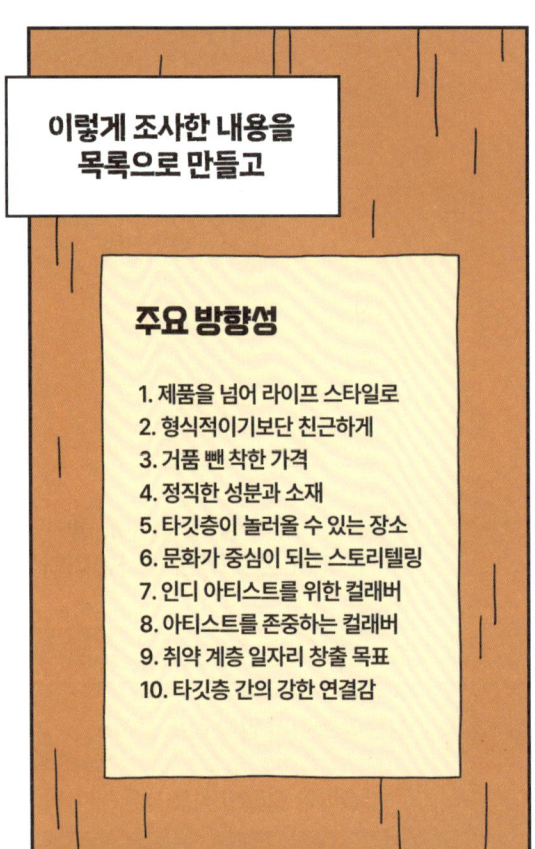

늅늅의 기획 수첩 01

문단은 길어져도
문장은 간결하게!

장황한 문장은
읽기 힘들다.

EPISODE 2.

머릿속의 폭풍, 브레인스토밍

어느 정도 분위기가 풀렸을 때 구체적인 고민을 공유해 보세요.

[OO 지역 관광지 홍보 콘텐츠] 주제로 시리즈를 만들고 있는데

지금까지 이런 아이디어가 나왔고

이제 막다른 길에 부딪혔어.

어떤 방향을 더 시도해 볼지 고민이야.

누군가의 고민을 들은 이들은

본능적으로 자기 의견을 말하는 경향이 있습니다.

덕분에 다양한 의견과 피드백이 오가며

나라면 바닷가를 더 이용해 볼 거 같아!

얼마 전에 그 해변 다녀왔는데 밤에 별이 엄청 많이 뜨더라!

활발한 토론의 장이 열리지요.

늅늅의 기획 수첩 02

생각을 입 밖으로
소리 내어 말하다 보면
자연스럽게
생각이 정리되기도!

EPISODE 3.

시작이 막막하면
이것부터 해보세요

[왜]는 그 목표를 실행해야 할 '이유'입니다.

[왜?]

ex)
콘서트 현장 방문 인원 평균 8만 명
편의 시설 사용 시 대기 시간 평균 40분

· 대기 시간 동안 불만 사항 증가 추세
· 편의 시설 증대는 어려운 상황
· 사용자의 지루함을 경감시킬 장치 필요

어떤 문제를 해결하기 위해서 그 목표가 필요하다고 설득하는 거죠.

기존의 문제점을 설명하기 위해서

[콘텐츠 조회수 그래프]

[방문객 댓글 모음]

피드백이나 테스트 결과를 근거로 제시할 수도 있고

유사 사례나 트렌드를 참고하는 것도 좋습니다.

[OO 콘서트 사례]

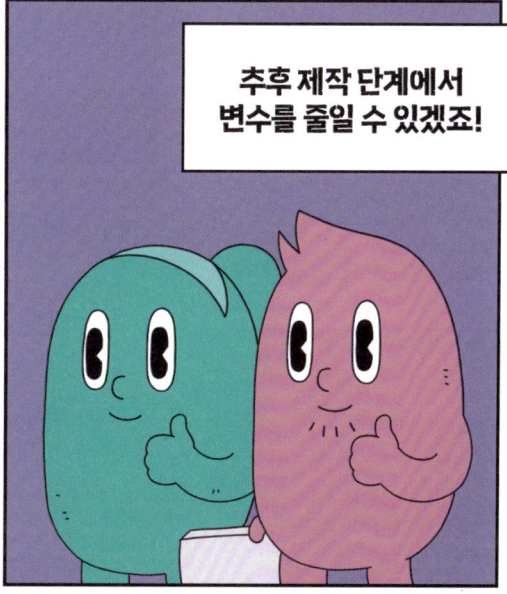

늅늅의 기획 수첩 03

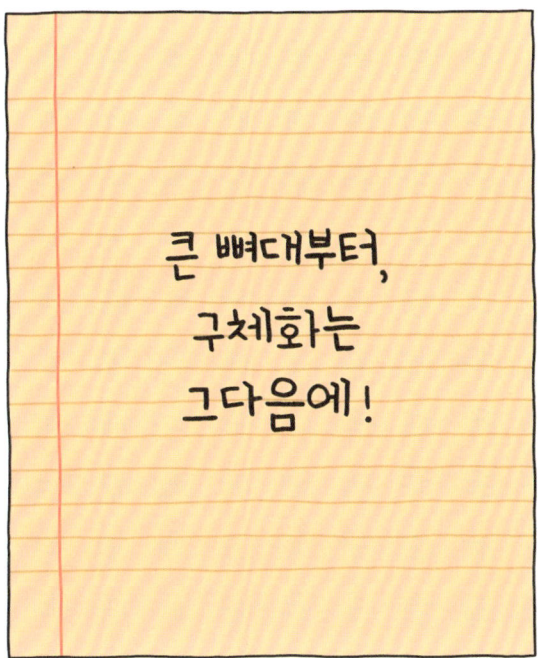

큰 뼈대부터,
구체화는
그다음에!

EPISODE 4.

혹시 건강하게
몰입하고 계신가요?

나는 좋은 과몰입을 하고 있는가?

Y / N

1. 몰입하는 동안 스트레스가 해소됨을 느낀다. ☐ ☐

2. 몰입 대상을 주제로 대화하는 게 즐겁다. ☐ ☐

3. 내 몰입 대상에 관한 피드백을 수용할 수 있다. ☐ ☐

4. 필요할 때는 스스로 몰입을 중단할 수 있다. ☐ ☐

5. 몰입하면 의욕이 솟아 좋은 결과물을 만들 수 있다. ☐ ☐

6. 식사, 수면, 휴식 등의 일상이 크게 방해받지 않는다. ☐ ☐

7. 몰입 대상 말고도 업무, 학업, 인간관계는 중요하다. ☐ ☐

8. 몰입 상태에 진입하는 나만의 루틴이 있다. ☐ ☐

9. 몰입 대상에 관련된 정보나 기술을 배우는 게 즐겁다. ☐ ☐

10. 몰입이 끝난 뒤엔 뿌듯한 기분이 든다. ☐ ☐

늪늪의 기획 수첩 04

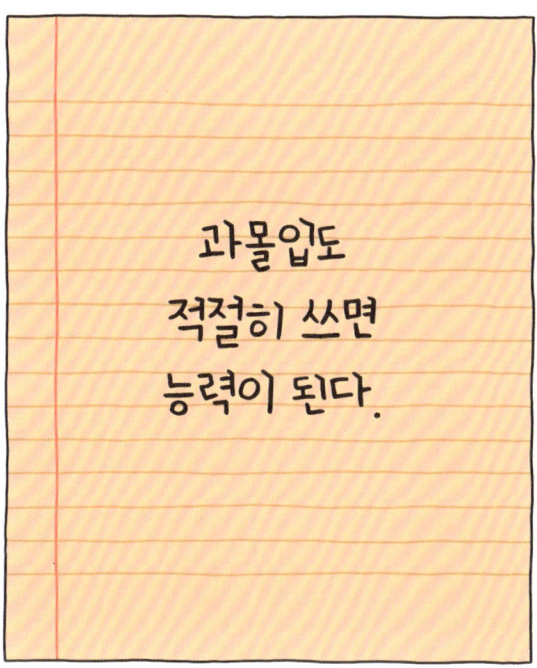

EPISODE 5.

수수께끼 같은 피드백을 뚫어라!

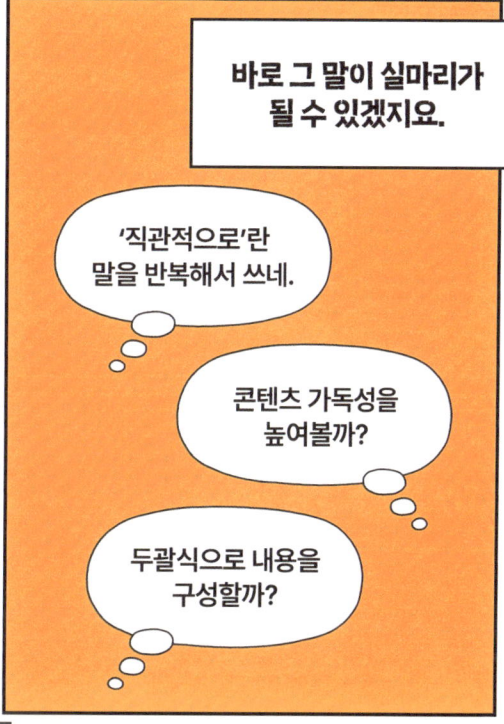

늅늅의 기획 수첩 05

그래도 모르겠으면
수정 방법을 몇 개
리스트업해서
고객이 선택하게
하는 것도 방법!

EPISODE 6.

새로운 것들은
전부 사라졌을까?

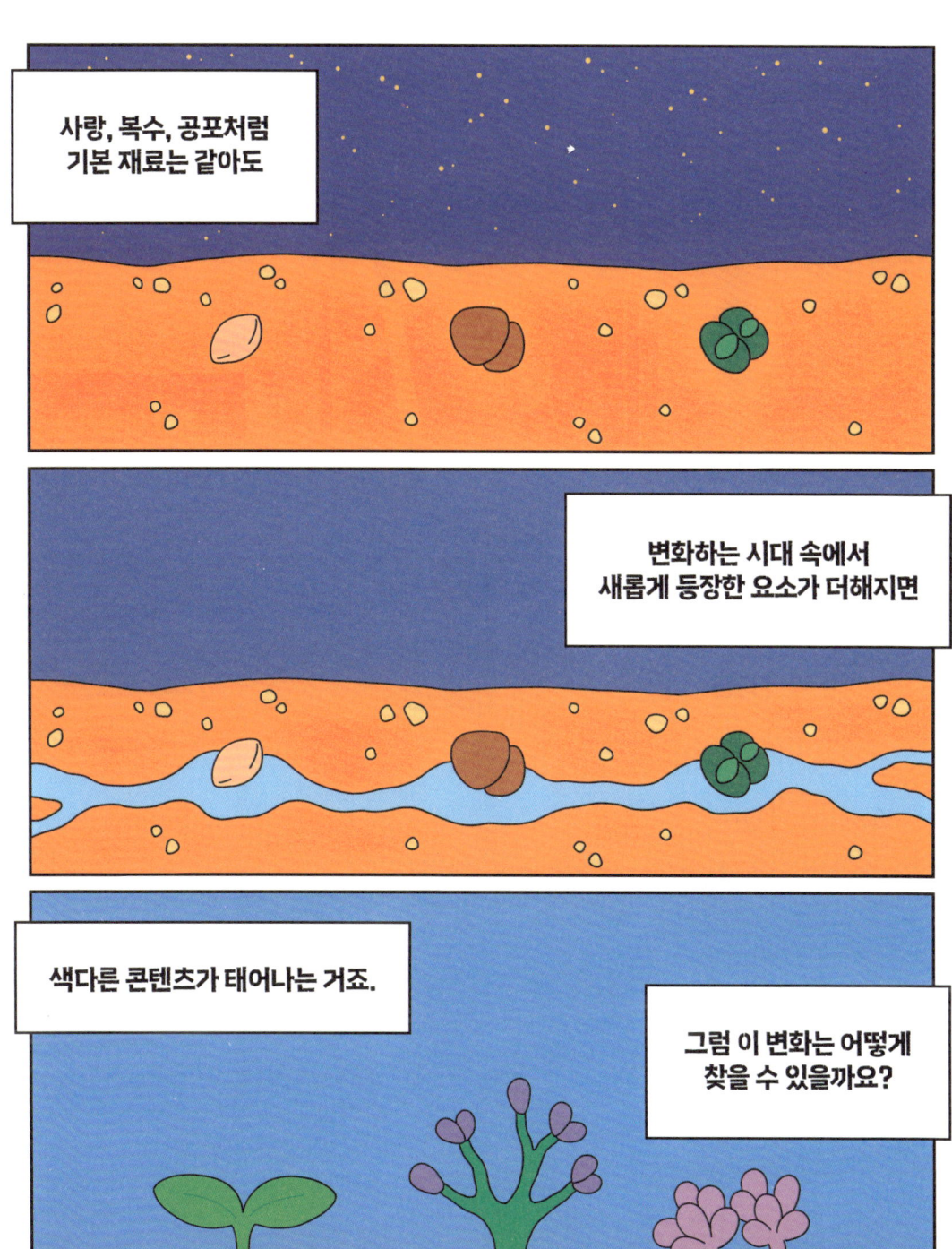

늅늅의 기획 수첩 06

새로운 소재가 없다고
좌절하는 대신
세상의 변화에
촉각을 곤두세워라!

EPISODE 7.

정말 아무 것도 떠오르지 않는다면

늅늅의 기획 수첩 07

아이디어가 없으면
찾으러 나가면 된다!

세상에 레퍼런스가
없었다면

기획자들은
어떻게 살았을까요?

세상에 얼마나 많은 인사이트와
아이디어가 있는지 모른 채

늘 영감에 목마른 상태로
지내지 않았을까요?

늅늅의 기획 수첩 08

레퍼런스는
응용하는 것!

무작정 베끼기
절대 금지!

EPISODE 9.

그래도 모르겠으면 전부 쏟아버리기

이 과정을 끝내면 어느새 중심 이야기가 완성될 거예요.

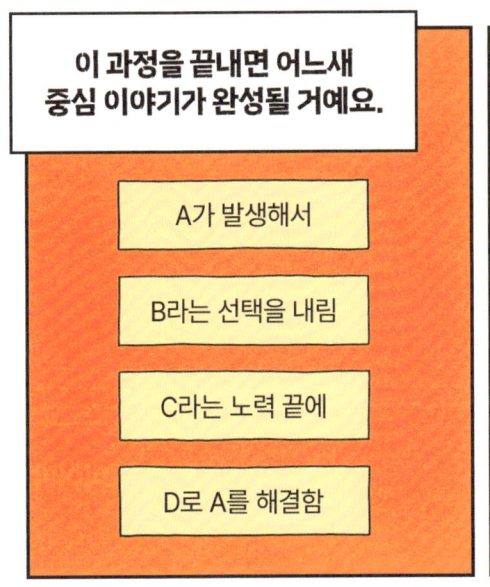

이후 필요한 요소를 추가하며 점차 살을 붙여나가면 됩니다.

작업이 막혔다면

우선은 쏟아내세요.
상상력이 무한정 뻗어나갈 수 있게요.

늅늅의 기획 수첩 09

어떤 생각이라도
얼른 짜내야 할 때

포인트는 바로
간결하게, 다양하게!

EPISODE 10.

잘 몰라도
무서울 것 없다

초보 기획자에게 가장 큰 부담은 무엇일까요?

프로젝트 관련자와의 '소통'일 것입니다.

담당 영역이 다른 부서와 소통하는 건 특히 어렵습니다.

생각하는 방식도 다르고,

선호하는 자료 형식도 다르기 때문이죠.

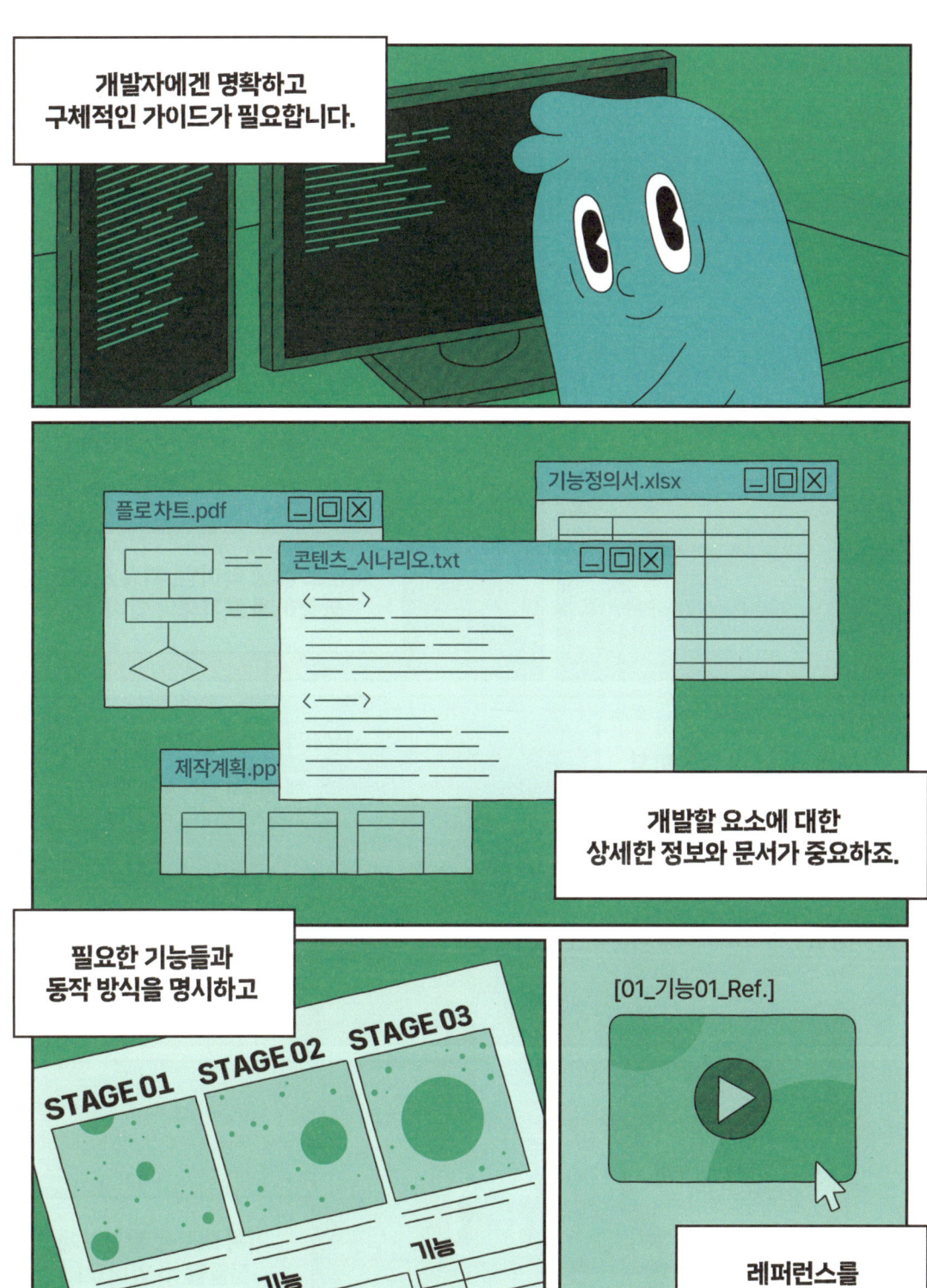

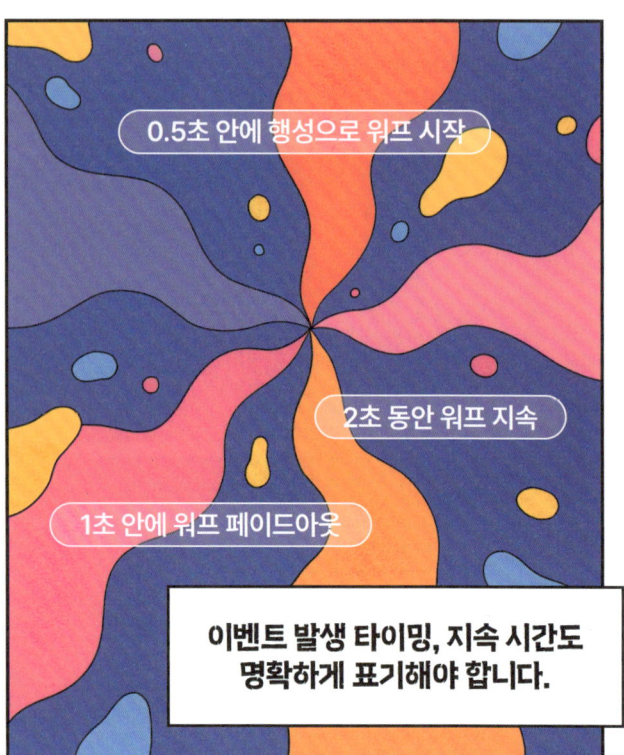

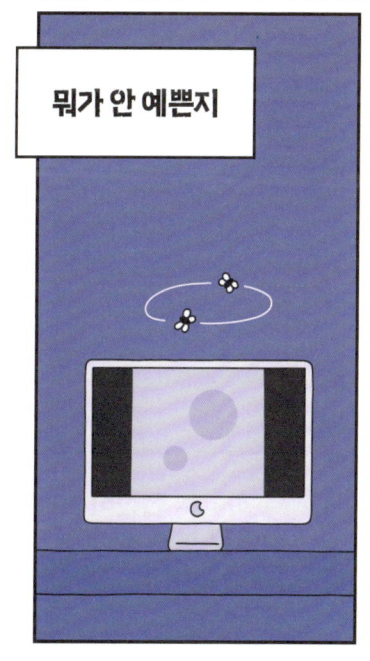

늡늡의 기획 수첩 10

모르는 게 많으면
물어보면 된다.

대신 검색 한 번은
해보고 물어보기!

EPISODE 11.

미완성 안에 가능성이 있다

늪늪의 기획 수첩 11

'처음부터 완벽하게'
가 아닌
'차근차근 나아지게'!

EPISODE 12.

문제가 터지면
해결부터 해야죠

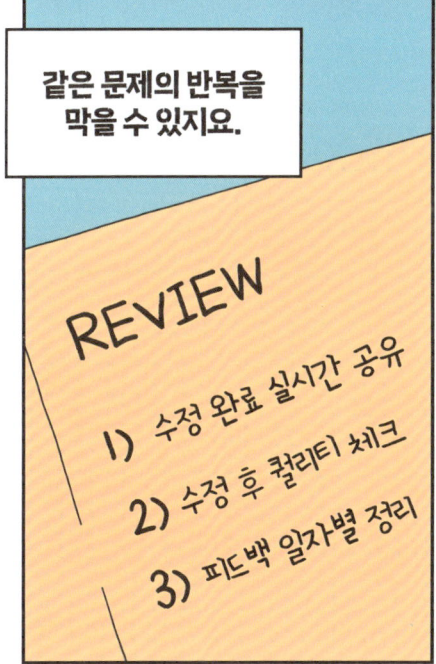

늪늪의 기획 수첩 12

그래도 너무
짜증이 난다면
1. 냉수 마시기
2. 심호흡하기
3. 5분 걷고 오기

EPISODE 13.
긴장된다면 준비하세요

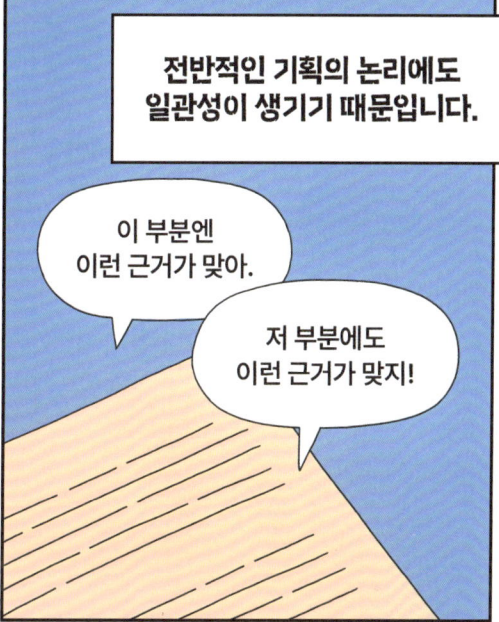

늄늄의 기획 수첩 13

발표가 끝나고
동료나 상사에게
개별 피드백을
부탁하면 금상첨화!

일을 하다 보면
불안해질 때가 있습니다.

실력을 키우고 싶어도

무엇부터 공부해야 할지
모르기 때문이죠.

내가 뭘 모르는지
어떻게 알아…

그래서 늄늄은 피드백을 들을 때 두 가지를 체크합니다.

첫째
나는 피드백을 들을 마음의 준비가 되었는가?

둘째
이 피드백은 나에 대한 존중을 바탕으로 하고 있는가?

방어적인 생각에 갇히면 좋은 조언도 쓸모가 없겠죠.

내가 맞는데 왜?

근거와 개선 방법 없이 비난만 한다면 들을 필요가 없고요.

늅늅의 기획 수첩 14

피드백을 줄 때는

1. 적절한 타이밍인가?
2. 해결책이 있나?
3. 존중이 담겨있나?

확인하고 말하기!

EPISODE 15.

해보면 경험이 된다

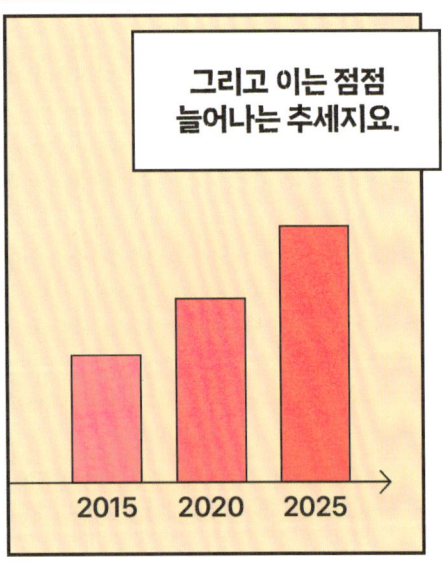

늅늅의 기획 수첩 15

열 번 듣는 것보다
한 번 보는 게 낫고,
열 번 보는 것보다
한 번 해보는 게 낫다.

EPISODE 16.
애정이 있어야 체력도 솟는다

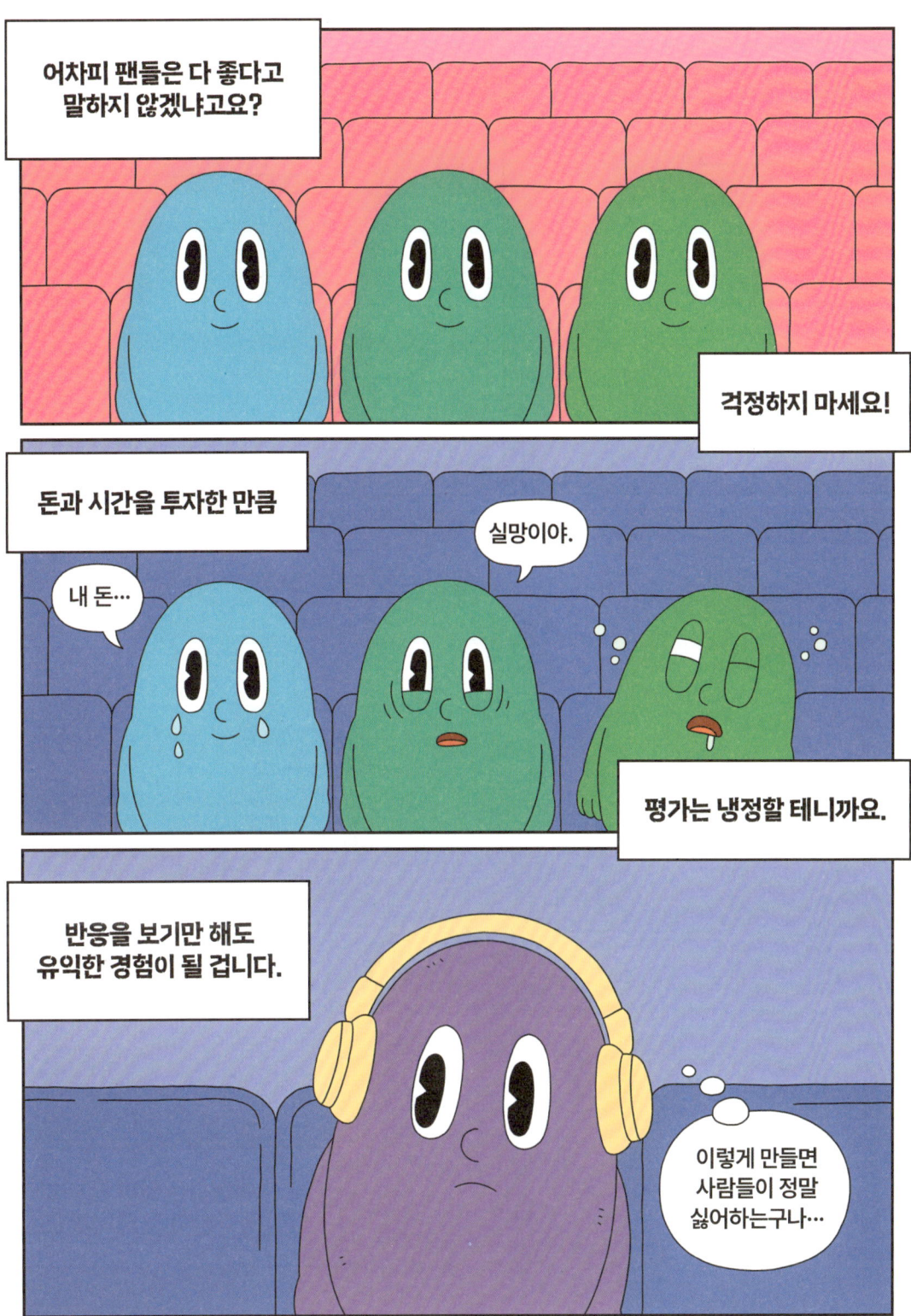

눕눕의 기획 수첩 16

인풋이 많으면 훗날
꼭 아웃풋이 나온다.

뭐든 보고 즐기자!

EPISODE 17.

좀비 공격에서 살아남기

눕눕의 기획 수첩 17

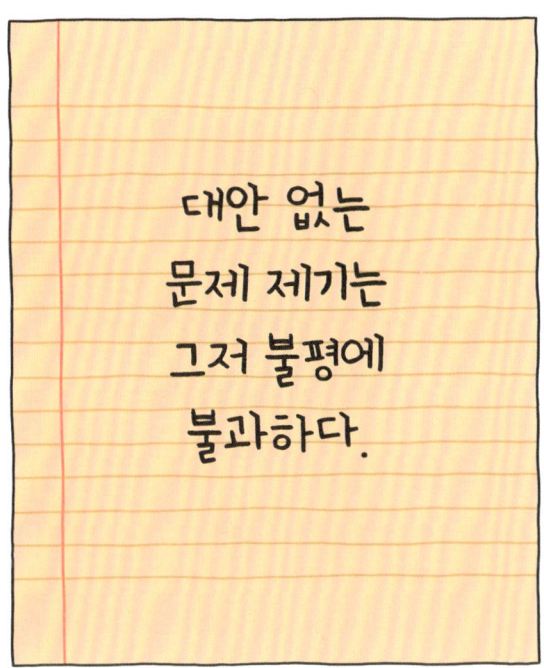

대안 없는
문제 제기는
그저 불평에
불과하다.

EPISODE 18.
면접을 부르는 포트폴리오

다음 페이지에서 내 경험을 더 자세히 보여줄 수도 있습니다.

수상 경력

수행 가능 업무

주요 업무 경험

나의 강점

주요 성과

특히 주요 업무 경험을 쓸 때는 프로젝트의 목적이 있었는지

어떤 문제가 있었고 어떻게 해결해서

WORK EXPERIENCE

[눕눕 베이커리] 팝업 프로모션 콘텐츠
2023.02-2023.03

연간 행사 [눕눕 페스티벌]에 참여하는 [눕눕 베이커리] 부스 홍보용 콘텐츠 제작. **고객사의 부스가 외진 곳에 있어** 방문율을 높이기 위해 **'보물찾기 미션'**을 콘셉트로 콘텐츠 시리즈 제작 및 오픈. 콘텐츠의 단서를 따라 행사장에 도착한 고객들에게 보물(시그니처 메뉴)을 증정하는 경험으로 **누적 방문자수 5K 달성.**

어떤 성과를 냈는지도 서술해 주세요.

자기소개보다 자세하게 어필하는 느낌으로요!

늅늅의 기획 수첩 18

1. 채용 공고가 뜨면 최대한 빨리 지원하기

2. 지원에 필요한 문서 두 번씩 확인하기

3. 절대 기죽지 말기

분야와 장르를 통틀어 콘텐츠 기획에는 정답이 없다고들 말합니다.

대신 목표가 하나 있을 뿐이지요.

'전하고 싶은 이야기를 잘 전하는 것'.

이 얘기를 하려는 거였구나…

공통의 정답은 없어도, 사람의 마음에 닿고자 하는 목표는 같습니다.

눕눕의 인사

안녕하세요. 《야생 기획자 관찰 일지》를 만든 콘텐츠 기획자 눕눕입니다.

눈치채셨겠지만 이 책은 콘텐츠 기획 '전문가'를 위한 책이 아닙니다.
전문가분들은 오래전부터 이 책 속의 내용을 거의 다 알고 계셨을 겁니다.
제가 기획직에 막 발을 들이고 낯선 실무에 쩔쩔매기 훨씬 전부터,
정글 같은 현장에서 부딪히며 체득해 오셨을 테니까요.

저는 운 좋게도 그런 엄청난 동료·선배들과 함께 일하며 배울 수 있었습니다.
그렇게 뉴비 기획자 시절부터 여기저기 부딪히며 찾은 것들, 전혀 몰랐거나,
알았지만 실행하기 어려웠던 것들, 이게 맞는지 헷갈려도 물어보기 힘들었던 것들,
그런 배움과 경험의 기록이 모여 이 책의 씨앗이 되었습니다.

이 책은 기획을 막 시작한 분들을 위한 책입니다.
실무의 장벽 앞에서 흔들리는데 이렇다 할 무기도 딱히 없는 뉴비,
바로 눕눕들을 위한 책이지요.

책을 만들면서 눕눕들을 위한 힌트를 잘 녹여내려 노력했습니다.
기획에는 정답이 없는 대신 작은 영감이 돌파구가 되는 경우가 많더라고요.

다가올 여정에 행운과 영감이 함께하기를 바랍니다.

그리고 이 책을 만들 수 있게 아낌없는 응원과 도움을 주신
가족, 동료, 길벗 출판사에 무한한 감사와 애정을 전합니다.